AF249649

LIBÉRALISME

ET

RÉVOLUTION

PILLET fils aîné, rue des Grands-Augustins, 5.

LIBÉRALISME

ET

RÉVOLUTION

PAR

M. LE BARON DE FONTARÈCHES

Ancien Membre du Conseil général du Gard

PARIS

E. DENTU, LIBRAIRE-ÉDITEUR

PALAIS-ROYAL, GALERIE D'ORLÉANS, 13 ET 17

1862

LIBÉRALISME ET RÉVOLUTION

Révolution et Despotisme, avons-nous dit dans une précédente étude. — *Libéralisme et Révolution*, osons-nous dire aujourd'hui; et en disant cela, nous savons combien de contradictions soulèverait une telle parole, si elle tombait d'une plume moins obscure ou moins dédaignée que la nôtre; nous savons qu'attaquer le libéralisme, ce n'est pas seulement soulever la foule des révolutionnaires qui prétendent être libéraux, mais encore tous les libéraux qui ne veulent pas être révolutionnaires.

Attaquer le libéralisme! mais n'est-ce pas un crime ou une folie? N'est-ce pas vouloir étouffer la liberté, éteindre toute lumière, proclamer le despotisme ou la barbarie? N'est-ce pas vouloir qu'un fleuve remonte vers sa source, que la civilisation moderne recule en répudiant ses plus précieuses conquêtes, ses plus solides garanties? N'est-ce pas vouloir enfin arrêter le dix-neuvième siècle dans sa marche progressive, ou plutôt l'effacer des pages de l'histoire pour déshériter le monde de ses bienfaits?

Il nous semble d'avance entendre ce concert d'accusations. — Mais si les révolutionnaires libéraux nous jugeaient en effet digne de leurs anathèmes, ce serait pour nous un honneur dont nous serions fier; et si les libéraux non révolutionnaires, parmi lesquels nous comptons des amis qui ont toute notre estime, toutes nos sympathies, aux vues et aux intentions desquels nous rendons un complet et sincère hommage, nous jugeaient digne de leurs protestations, nous leur répondrions humblement, en nous réfugiant dans notre conscience, *Amicus Plato, magis amica veritas.*

Comme ceux-ci nous aimons la liberté, aussi bien qu'eux nous la voulons, aussi bien qu'eux nous la cherchons. — Nous l'aimons amie de l'ordre et de l'autorité; nous la voulons réelle et non pas idéale, basée sur les intérêts permanents de la société, et non pas sur le sable mouvant des opinions politiques ou sur des fictions constitutionnelles; nous la cherchons sur un terrain où

les aspirations patriotiques des âmes que révoltent toute tyrannie et toute servitude, qu'épouvantent toute licence et toute anarchie, puissent
s'épanouir et se développer en sécurité, sans risquer de s'égarer en dépassant le but.

Mais cette liberté, les révolutionnaires ne la
veulent pas, tous leurs instincts la repoussent, et
les libéraux sincères qui la veulent la poursuivent où elle n'est pas; ils prennent pour l'atteindre un chemin qui nous paraît hérissé de
piéges et de dangers cachés par un mirage trompeur, et qnand ils croient l'avoir saisie, au lieu
de la liberté véritable, ils n'ont embrassé qu'un
brillant fantôme qui s'évanouit bientôt, et derrière lequel nous voyons la révolution se dresser.

Ce n'est donc pas pour combattre la liberté que
nous attaquons le libéralisme, c'est au contraire
pour la défendre, pour la sauver de l'abîme où
le libéralisme la pousse et où l'attend la révolution.

Dupe ou complice de la révolution, le libéralisme fait son œuvre, il orne et prépare la victime
qu'elle doit immoler. La révolution le sait bien,
et c'est pourquoi là où elle ne triomphe pas encore, bien loin de s'opposer au libéralisme, elle
l'appuie, elle en arbore la bannière, elle en adopte
les idées, et le génie du mal, qui lui donne une

clairvoyance infaillible, lui révèle que cette liberté travestie que le libéralisme encense comme une idole lui servira de marchepied pour monter elle-même sur le piédestal élevé par d'imprudentes mains.

Cela seul ne devrait-il pas rendre moins confiants les libéraux sincères? En voyant l'objet de leur culte salué et acclamé par les révolutionnaires, ne devraient-ils pas se demander si cette liberté qu'ils servent de bonne foi n'est pas un mensonge, s'ils ne sont pas trompés par un prestige fascinateur, si leurs idées, leurs opinions, leurs doctrines ne renferment pas quelque péril caché, et si en travaillant à les faire prévaloir ils ne travaillent pas en effet pour la révolution, s'ils ne lui fournissent pas des armes et des forces, s'ils n'ébranlent pas les barrières destinées à l'arrêter, s'ils ne préparent pas enfin son triomphe par leurs généreuses illusions?

Nous l'avons dit déjà et nous ne voulons pas en douter, c'est bien certainement une liberté sage et honnête qu'ils veulent, une liberté amie de l'ordre, de l'autorité légitime, de la morale, de la religion, de tous les principes conservateurs; s'ils ne voulaient pas cela, ils ne seraient pas libéraux, ils seraient franchement révolutionnaires. Comment se fait-il que les révolutionnaires qui ne veulent ni l'ordre, ni l'autorité, ni la morale, ni la religion, ni aucune institution, aucuns principes conservateurs, unissent leurs efforts aux leurs pour faire prévaloir partout la liberté qu'ils servent? Les libéraux honnêtes et de bonne foi ne sont-ils pas dupes de leurs patriotiques intentions? Derrière eux est la révolution qui les pousse, à côté d'eux la foule des faux libéraux, complices secrets de la révolution, qui les entraînent et leur cachent le danger de la route où ils sont engagés. Ils croient servir la liberté véritable, et ils ne servent qu'une fausse liberté, avant-garde de la révolution.

Erreur fatale, aveuglement funeste dont nous voudrions essayer de les guérir en leur montrant que ce libéralisme, sous la bannière duquel ils se trouvent enrôlés, n'a de la liberté que le masque, et que ses préjugés, ses engouements, ses antipathies, ses passions conduisent inévitablement à la tyrannie révolutionnaire.

I

Qu'est-ce que le libéralisme? — Il est plus facile de le juger par ses effets que de le définir. Le libéralisme n'a pas de symbole, il embrasse des idées souvent contradictoires; Protée insaisissable, il se modifie et se transforme à chaque instant; caméléon politique, il change de couleur suivant le milieu social où il se trouve; il n'a pas même de drapeau qui puisse le faire reconnaître, il s'enrôle tantôt sous celui du despotisme, tantôt sous celui de la liberté, démentant aujourd'hui ses opinions d'hier, mais gardant toujours le même esprit et les mêmes instincts.

Le libéralisme est à la monarchie ce que le gallicanisme parlementaire était à l'Église, ce que le romantisme, ennemi de toute règle, est à la littérature, ce que le philosophisme est à la philosophie. — C'est une fausse monnaie, alliage de mauvais aloi caché sous l'empreinte et la couleur de la bonne. — Il altère ce qu'il ne nie pas, il dénature tout ce qu'il touche, le pouvoir comme la liberté. — Il ne repousse pas tout ce qui est bien, il s'en empare parfois, mais c'est toujours pour le mêler au mal.

Rien n'est moins *libéral* que le libéralisme ; il ne veut la liberté que pour lui, et quand il lui est donné de l'exploiter, c'est comme un monopole armé de restrictions et de prohibitions ; tout foyer de vie indépendante l'importune ; sa liberté est l'asservissement de la famille, de la commune, de l'Église ; il s'empare de l'éducation, de l'administration locale, et ne pouvant pas s'emparer de l'Église, il l'entrave dans sa discipline, dans sa hiérarchie, dans ses institutions, il la dépouille pour mieux l'assujettir, et la prend à sa solde comme une mercenaire.

Même quand il ne fait pas de révolution, le libéralisme prépare la révolution ; il a avec elle des affinités quelquefois involontaires, mais dont elle se sert toujours avec avantage, des complicités secrètes ou des ménagements qui la couvrent et lui permettent d'avancer sans être reconnue.

Le libéralisme ne veut pas tout ce que veut la révolution ; mais la révolution, en attendant mieux, veut tout ce que veut le libéralisme ; car s'il ne veut pas renverser l'autorité, il veut l'affaiblir et se la soumettre ; s'il veut la liberté, il la veut rivale du pouvoir ; s'il ne veut pas troubler l'ordre dans la rue, il aime toutes les agitations de l'esprit d'opposition et d'indépendance dans la sphère de la politique ; s'il veut la religion, il la veut esclave de la société civile, il lui demandera de se subordonner à ses lois, de faire fléchir à l'occasion sa morale, de modifier sa doctrine, de se réformer enfin pour se mettre en harmonie avec lui ; et à ces conditions la révolution permettra au libéralisme de se proclamer *catholique sincère* et de se prosterner devant les autels.

Le libéralisme ne nie pas toutes les vérités sociales, mais il n'en est point qu'il n'accouple avec quelque erreur. Les grands mots qu'il proclame, esprit du siècle, civilisation moderne, principes de 89, sont dans sa bouche l'expression de cet accouplement adultère de l'erreur et de la vérité. Le libéralisme n'en fait pas l'analyse et le départ, il prend tout mêle-mêle et le jette en pâture aux esprits trop disposés à accepter de confiance cette nourriture malsaine. — Le siècle se fourvoie, il est ébloui, il a le vertige, il ne voit pas les dangers de sa marche ; elle le conduira d'une liberté sans frein au despotisme, du despotisme au socialisme, du socialisme au communisme ; qu'importe ! c'est le dix-neuvième siècle. — La civilisation moderne se matérialise et tombe dans la décadence morale au milieu de ses merveilleux

progrès ; qu'importe ! c'est la civilisation moderne ; respect à la civilisation moderne ! — Les
principes de 89, parmi quelques justes déclara-
tions de droit civil ou de droit public, ont surtout
consacré le droit révolutionnaire ; qu'importe !
Le libéralisme ne veut pas la révolution, mais il
veut tous les principes de 89 ; malheur à qui y
toucherait, à qui voudrait séparer l'ivraie du bon
grain ; le libéralisme lui dirait : Anathème !

Le libéralisme n'a formé un parti que de nos jours; son nom même est nouveau, mais l'esprit en est ancien.

Dans la vieille monarchie, on le trouve aux soupers de la Régence, où le bel esprit philosophique prenait ses ébats; dans les boudoirs des maîtresses royales, où des hommes d'État courtisans et philosophes portaient les affaires d'État; dans les salons aristocratiques où les Encyclopédistes étaient admis à faire briller leurs théories égalitaires; dans cette littérature sceptique, railleuse ou impie qui, depuis le madrigal jusqu'au poëme épique, faisait servir ses œuvres à égarer les intelligences et les cœurs en faussant l'histoire comme la morale; on le trouve chez ces légistes parlementaires qui, plus jaloux de leurs priviléges que des libertés publiques dont ils se disaient les gardiens, tantôt faisaient à l'autorité royale une opposition systématique et tracassière pour l'entraver dans ses plus légitimes attributions, tantôt en exagéraient les droits quand ils pouvaient les tourner contre l'indépendance de l'Église, jusqu'à ordonner en son nom l'administration des sacrements par arrêt [1], courbant la tête devant les pouvoirs forts, factieux devant les pouvoirs faibles, n'invoquant les grands mots de liberté, de constitution nationale, que pour exciter l'effervescence des esprits, et trouvant la nation assez libre quand leur opposition de coterie avait prévalu.

Des libéraux courtisans, philosophes ou parlementaires, aux libéraux patriotes de 89, la transition fut rapide. — Les premiers avaient travaillé sans le savoir à préparer la révolution; les seconds la virent venir avec une naïve confiance, et la saluèrent de leurs vœux et de leurs espérances. — Ils accueillirent toutes les idées de rénovation sociale d'où qu'elles vinssent, — d'Angleterre, d'Amérique, de partout, hormis de cette pauvre France, qui avait bien des abus à corriger, bien des réformes à faire, mais qui n'avait besoin pour ce facile labeur que de s'inspirer de sa propre histoire et des principes de sa vieille constitution. — Les patriotes rêvèrent une constitution toute nouvelle, se laissèrent séduire par les théories les plus hasardées, et leur naïf enthousiasme

______

1. Arrêt du Parlement de Paris, 1752.

crut avoir embrassé la liberté; il avait ouvert le gouffre où bientôt ils devaient être engloutis. Le libéralisme des patriotes avait servi de levier à la révolution, instrument aveugle qu'elle brisa quand elle n'en eut plus besoin.

De 92 au Consulat et à l'Empire, il n'y eut plus que des révolutionnaires. Les libéraux qui n'avaient pas arboré le bonnet rouge avaient disparu dans la tourmente soulevée par leurs idées. Les uns avaient péri sur l'échafaud, les autres avaient cherché leur salut dans l'exil ou dans l'obscurité.

Mais lorsqu'une main puissante eut comprimé la révolution, les libéraux proscrits reparurent sur la scène, et les révolutionnaires domptés se firent libéraux et courtisans. Tous ensemble, oubliant la liberté dans une servitude dorée, chamarrés de cordons, de titres et de dignités monarchiques, ils se mirent à faire de l'ordre, de la morale et de la religion au sein de cette société que leurs idées et leurs passions avaient livrée à l'anarchie. — Mais dans ce travail inaccoutumé que leur imposait une volonté souveraine, ils apportèrent tous leurs préjugés. — Ils firent de l'ordre avec le despotisme, de la morale avec le divorce, du catholicisme avec les articles organiques, de l'hérédité monarchique avec la souve-

raineté du peuple, des institutions constitutionnelles avec des décrets omnipotents, de l'égalité
avec des majorats et des sénatoreries, de la liberté
enfin avec l'interdiction du droit d'association,
avec la servitude des âmes par le monopole uni-
versitaire, et la servitude des communes, premier
foyer de la vie sociale, par la centralisation admi-
nistrative. — Mélange incohérent de bien et de
mal, d'éléments de conservation et d'éléments
révolutionnaires fondus dans un creuset commun,
l'établissement impérial ne dut son succès qu'à
la force, mais cette force devait lui échapper un
jour, et il tomba.

La Restauration en hérita; mais faible à son
début autant que l'Empire avait été puissant, sé-
duite par la généreuse ambition de rallier ses
adversaires mêmes sous le vieux drapeau de la
monarchie, elle voulut s'appuyer sur les libéraux
de toutes les dates, et pour rassurer leurs instincts
alarmés, les trouvant aussi ardents pour la liberté
que l'Empire les avait trouvés disposés à la servitude, elle leur demanda grâce la Charte à la
main, leur livra le pouvoir et abandonna sa politique à la lutte des partis dans l'arène consti-
tutionnelle. — Le libéralisme, qui lui devait d'a-
voir vu tomber les entraves dans lesquelles
l'Empire l'avait contenu, tourna contre elle le

glaive dont elle l'avait imprudemment armé;
il exploita le pouvoir au profit de ses idées et de
ses préjugés antimonarchiques et anticatholiques,
et quand *le pied lui eut glissé dans le sang*, selon
l'expression de Châteaubriand, quand une trop
tardive réaction de l'opinion publique, effrayée
par le meurtre d'une royale victime, eut fait passer le gouvernement en d'autres mains, légalement organisé en parti politique, il lui fit, à l'aide
de la tribune et de la presse, une opposition aussi
acharnée que tracassière, et devint une conspi-
ration permanente au sein de la Monarchie.

Le libéralisme avait servi l'Empire parce que
l'Empire était fort et lui avait donné des fers; il
renversa la Restauration parce qu'elle avait été
faible, confiante, et lui avait donné la liberté. Ses
principaux coryphées purent s'applaudir et se
glorifier un jour hautement d'avoir, pendant
quinze ans, porté le masque et joué la comédie.

Ils avaient eu, en effet, l'habileté de faire des
dupes. Bon nombre de royalistes sincères trompés, comme les Patriotes de 89, par le mirage des
idées de liberté dont le parti libéral s'attribuait
le patronage exclusif, avaient pris au sérieux les
nouvelles théories constitutionnelles. Une fois
placés sur le terrain du libéralisme, ils y trouvè-
rent des piéges, des entraînements souvent irré-

sistibles, des solidarités funestes qui les égarèrent
à sa suite. Perdant de vue les larges et fécondes
franchises de la vraie Monarchie représentative,
ils travaillèrent autant que les libéraux révolutionnaires à y substituer la fausse et dangereuse
liberté politique d'un gouvernement parlementaire. A force de vouloir faire la Monarchie selon
la Charte, ils rendirent la Charte incompatible
avec la Monarchie. C'étaient des libertés amies
qu'ils avaient à fonder; ils ne réalisèrent qu'une
liberté hostile qui fit du pouvoir le jouet des
majorités, aux coups de laquelle fut livrée une
royauté désemparée de toutes ses anciennes défenses, isolée au milieu d'une société que la révolution avait nivelée, et n'ayant aucun point
d'appui solide pour résister au courant démocratique qui la débordait.

Dans de telles conditions, le pouvoir avait besoin d'être fortifié, et c'est de ce côté que devaient
se porter les plus grandes sollicitudes de leur patriotisme. L'élément aristocratique ayant disparu
de la société française, la Chambre des Pairs ne
pouvant en reproduire qu'un vain simulacre,
n'étant qu'un rouage politique de plus dans la
machine gouvernementale sans action virtuelle
sur la société, la pondération sociale exigeait que
l'élément monarchique héritât de cette force per-

due pour arrêter l'élément démocratique dans sa trop grande expansion. — La liberté, au contraire, avait d'autant plus besoin d'être contenue dans de justes limites qu'aucune puissance intermédiaire ne pouvait opposer une suffisante résistance à ses élans.

Les royalistes libéraux ne le comprirent pas; il leur semblait toujours que l'autorité pesait trop dans la balance politique et que la liberté n'y pesait pas assez, et cependant il y avait d'un côté une royauté affaiblie, mutilée, impuissante, de l'autre une liberté souveraine et hostile, la liberté du libéralisme pour tout dire en un mot. Car, sous prétexte de mettre la royauté à l'abri de la lutte des partis, ils l'avaient reléguée hors du gouvernement, et avaient armé la liberté de toute la force gouvernementale.— Quelques-uns même, emportés par l'ardeur des luttes parlementaires ou par de mesquines compétitions personnelles, firent au pouvoir une aveugle opposition, aux applaudissements du libéralisme conspirateur, qui sut bien en profiter. C'est ainsi que les royalistes libéraux de toutes nuances, depuis Royer-Collard jusqu'à Châteaubriand, firent plus de mal à la Monarchie que ses ennemis, en ébranlant l'arbre que les libéraux révolutionnaires s'apprêtaient à arracher.

Il arriva ce qu'il arrive à tous les pouvoirs qui se sont laissé démanteler, la fatale nécessité de se révolter un jour contre leur propre faiblesse, de braver tout d'un coup les dangers qu'ils ont laissé longtemps s'accumuler, et de chercher leur salut dans une lutte suprême, alors que leurs forces sont épuisées et que la victoire est devenue presque impossible. — *Una solus victis, nullam sperare salutem.* — Au point où le libéralisme avait porté les choses, il ne fallait plus à la révolution qu'une occasion ; les fameuses ordonnances la lui donnèrent, et la Restauration tomba du haut de son échafaudage constitutionnel.

La révolution de 1830 fut le triomphe du parti libéral ; il régna en vainqueur ; la royauté nouvelle était son œuvre, il n'eut pas à la combattre ; il n'eut qu'à s'en servir comme d'un instrument docile ; il trouvait en elle la satisfaction de ses idées, de ses opinions, de ses préjugés, de ses engouements, de ses antipathies de toute sorte ; il épuisa donc tous ses efforts à la consolider, à la rendre immortelle.—Mais le parti libéral bâtissait sans ciment ; le ciment d'une Monarchie, ce sont les principes monarchiques, et le parti libéral n'en avait pas, il n'avait au contraire que des passions antimonarchiques ; son édifice croula ; au lieu de fonder une Monarchie, il n'avait fait que préparer des matériaux pour une république.

Ainsi, vieille Monarchie, Empire, Restauration, Monarchie de juillet, le libéralisme n'a rien pu sauver; il a au contraire contribué à tout perdre, par ce qu'il attache à tout un germe fatal de dissolution.

III

Cependant, malgré les leçons de l'expérience, malgré la vive lumière que trois révolutions ont jeté sur le passé, bon nombre de royalistes ou de conservateurs, et des plus haut placés dans l'estime publique par leurs talents et leur patriotisme, restent épris des idées du libéralisme, et voudraient réaliser encore ce gouvernement parlementaire qui en est l'expression politique ; ils croiraient abjurer la liberté en les répudiant. Opposer notre humble conviction à la leur, c'est une audace bien téméraire sans doute ; mais ils nous la pardonneraient s'ils connaissaient notre respect et nos sympathies pour eux. Osons donc insister.

On peut comprendre les illusions qui précédèrent la révolution de 1789 et lui aplanirent le chemin ; cette révolution, même en la préparant, personne ne la voyait ; personne ne soupçonnait que la Monarchie pût s'écrouler sur sa base séculaire. — Les philosophes n'en voulaient qu'à la religion, les parlementaires n'en voulaient qu'à

la Cour, les Patriotes n'en voulaient qu'aux abus.
Chacun aspirait à corriger, réformer à sa guise;
nul ne songeait à renverser; tous donnaient pour
but à leurs désirs une rénovation sociale, une Monarchie rajeunie et régénérée, tous espéraient la
voir sortir du triomphe de leurs idées, de leurs
systèmes; ils ne prévoyaient pas que tout allait
être englouti à la fois dans une révolution radicale dont le monde n'avait pas encore vu d'exemple.

En 1814 l'illusion était moins excusable. C'était sur les ruines accumulées par la révolution
que l'on avait à élever un nouvel édifice, et l'on
n'avait d'autres matériaux que ces ruines mêmes.
La révolution était devenue déjà de l'histoire, et
l'on n'ignorait plus ce que devient une Monarchie quand de fausses doctrines, des théories contraires à son principe en ont miné les fondements
et paralysé l'action conservatrice. L'exemple de
1789 était là pour le rappeler aux plus oublieux.
— Cependant la Charte donnée par la Royauté
elle-même pouvait ne paraître, aux yeux qui s'arrêtaient à la surface des choses, qu'un changement des formes extérieures du gouvernement,
une réalisation plus heureuse de cette Monarchie
régénérée qu'avaient rêvée les Patriotes de 89;
plusieurs des maximes les plus essentielles de la

Monarchie y étaient inscrites : une sage pondération de l'autorité par la liberté, et de la liberté par
l'autorité, semblait devoir en ressortir et pro-
mettre un juste équilibre de toutes les forces sociales. — L'exemple d'un pays voisin avait aussi
ses séductions. — Toutes ces belles espérances,
il est vrai, ne reposaient en France que sur des
fictions, les éléments de la réalité y manquaient ;
mais enfin l'expérience n'était pas faite, on pouvait la tenter, et l'on conçoit que les royalistes qui
comprenaient les abus et les dangers de l'absolutisme rendus tout récemment encore plus évidents
par le régime du Gouvernement impérial et par
sa chute, n'aient vu dans le régime constitutionnel, sous une forme différente appropriée aux
besoins de la société nouvelle, qu'un retour aux
vieilles traditions de liberté de la Monarchie représentative. — C'était une erreur, la Charte s'é-
tait méprise et sur le passé et sur le présent ; les
Royalistes se méprirent avec elle, et en l'embras-
sant avec une bonne foi trop confiante, au lieu
des libertés qui leur étaient chères, ils organisè-
rent cette liberté hostile que le libéralisme exploita
pour la livrer à la révolution. — Mais encore un
coup leur illusion s'explique, et leurs intentions
la justifient.

Mais aujourd'hui que plus de trente ans de

pratique ont révélé aux plus aveugles le vice radical du gouvernement parlementaire en France, aujourd'hui que 1830 et 1848 ont montré où il aboutissait, ne peut-on pas dire des royalistes ou des conservateurs qui persistent à le rêver encore et seraient prêts à le réaliser de nouveau, *qu'ils n'ont rien appris ni rien oublié?* — Si ces deux grandes leçons du passé n'étaient pas suffisantes, la situation actuelle de l'Europe leur en fournit de plus éloquentes encore. Partout l'invasion des idées libérales par lesquelles ils se sont laissé plus ou moins fasciner a ouvert la porte à la révolution; partout le gouvernement parlementaire a été la première étape de sa marche progressive; partout il lui a fourni les moyens de renverser les obstacles qui s'opposaient à son triomphe; partout la presse, la tribune lui ont servi de levier pour ébranler l'édifice social; partout enfin le libéralisme a fait table rase devant elle pour lui aplanir la voie.

IV

Voyez l'Italie : tant que la révolution n'a eu d'autre ressource pour y pénétrer que les sociétés secrètes, les conspirations ténébreuses, les révoltes soudaines et les coups de main, elle a toujours été vaincue. Les gouvernements avaient conservé leur force de résistance ; l'esprit des peuples avait été préservé d'une complète séduction. Elle put sans doute trouver partout des poignées de séides quand elle voulut éclater dans la rue, mais partout aussi elle trouva les peuples et les rois en garde contre elle ; ils la reconnurent à ses œuvres, et ses plus hardies entreprises échouèrent, ou restèrent isolées et n'eurent qu'un éphémère succès de surprise. — Mais lorsque plus patiente ou plus habile, elle eut consenti à prendre le masque de la dissimulation, à marcher derrière le libéralisme, à se cacher dans les plis de sa bannière, elle put compter sur un triomphe certain, quoique plus lent.

Le libéralisme avait envahi le Piémont ; il avait remplacé son antique constitution monarchique par un statut imité de la Charte française. Du haut de la tribune piémontaise les doctrines libérales avaient retenti dans toute l'Italie, exalté les imaginations, séduit les peuples si inflammables de la Péninsule par le spectacle d'un gouvernement régulier qui semblait devoir à ses institutions parlementaires tout à la fois une plus grande somme de liberté, et un plus grand développement de puissance et d'influence politique dans le monde. — La Presse, à laquelle cette forme de gouvernement avait nécessairement ouvert libre carrière, avait porté partout les idées de rénovation sociale; elle avait préparé les esprits aux changements, aux réformes les plus aventureuses. — Tous les autres gouvernements avaient été discrédités, présentés comme un obstacle à toute amélioration, à tout progrès, à toute aspiration patriotique. — Sur ce terrain ainsi remué, toute utopie révolutionnaire put germer et se développer; le constitutionalisme en avait été la semence, et cette semence leva avec une rapidité qui dépassa toutes les espérances imprudentes ou coupables qui l'avaient jetée; car là comme ailleurs, comme partout, le libéralisme n'était qu'un instrument entre les mains de la révolution; elle y trouvait des dupes et des complices, et c'est à l'aide des premiers, plus encore que des seconds, qu'elle a atteint son but. La révolution, pour réussir, a toujours eu besoin d'un masque ; quand elle se montre à visage découvert, elle effraye tout le monde et ne séduit personne ; le libéralisme, au contraire, séduit et n'épouvante pas, et c'est lorsqu'il a fasciné les esprits que la révolution les trouve disposés à se livrer à elle.

Du Piémont *constitutionnalisé* à l'Italie *révolutionnée* la transition était inévitable ; le temps seul devait l'amener infailliblement. Bientôt en effet, au cri de *Constitution !* jeté par le libéralisme conspirateur et niaisement répété par le libéralisme dupe, la révolution ne tarda pas à répondre : *Unité !* Et ce mot magique, trouvant partout des échos bien préparés, a fait sa puissance et son triomphe.

V

Voyez la Belgique : là, la révolution se cache encore sous le masque du libéralisme, ou se sert du libéralisme pour se frayer son chemin.

L'esprit municipal et profondément catholique du peuple belge était un obstacle qu'elle n'aurait jamais pu franchir, livrée à ses propres forces. — Pendant trente ans le gouvernement parlementaire a pu y fleurir sans être envahi par la révolution ; la Belgique au contraire semblait donner au monde le beau spectacle de la révolution enchaînée par la liberté politique. — Les libéraux conservateurs en étaient fiers et la citaient pour modèle ; c'était la réalisation de leur rêve, le triomphe de leurs idées.

Mais la révolution ne désespère jamais tant qu'elle peut combattre sous une bannière quelconque. Il était dans la nature de ce gouvernement de lui prêter la sienne. Transformée en opposition libérale, légalement organisée en parti politique, elle a marché à la conquête du pouvoir par les voies légales ; de minorité qu'elle était, elle est devenue majorité et s'est emparée du gouvernement ; elle travaille à sé fortifier, à se grandir de plus en plus, et quand elle se trouvera assez puissante, quand les circonstances le lui permettront, brisant cette constitution dont elle s'est fait un marchepied, on la verra lever la tête et dire hardiment : Je suis la révolution !

Ainsi s'écroulera cet édifice du constitutionalisme, là même où on pouvait le croire assis sur de solides fondements. La révolution aura eu besoin de plus de patience qu'ailleurs, mais elle n'aura pas moins atteint son but.

VI

Voyez la Prusse : la constitution nouvelle que cette puissance s'est donnée paraissait renfermer des éléments de conservation suffisants pour neutraliser tous les ferments révolutionnaires ; elle n'avait pas été établie sur un sol nivelé par la révolution ; elle avait pu former une chambre des seigneurs avec une aristocratie réelle et non pas nominale, exerçant sur la société une action capable de lui donner un poids considérable dans la balance politique. — L'élément démocratique pouvait trouver encore une barrière dans la diversité des provinces dont le royaume de Prusse est composé ; son essor semblait devoir être arrêté par la variété des mœurs, des intérêts, des institutions locales. Il n'y avait pas là table rase comme en France. Si quelque part ailleurs qu'en Angleterre le Gouvernement parlementaire pouvait réussir, c'est bien certainement sur le sol germanique, qui a conservé tous les éléments indispensables pour en maintenir l'équilibre.

Et cependant la constitution prussienne, comme

toutes les autres constitutions d'imitation anglaise,
a glissé sur la pente qui conduit à la révolution.
— Le libéralisme s'en est emparé, il a envahi la
tribune et la presse; la révolution à son tour s'est
emparée du libéralisme, et sans une réaction
peut-être aujourd'hui trop tardive, sans un retour tous les jours plus difficile aux principes de
la Monarchie chrétienne, aux vraies notions du
droit, de l'autorité et de la liberté, on peut pré-
voir, là comme ailleurs, le triomphe de la révolution.

Déjà elle s'est indignée que le roi de Prusse, à
son couronnement, ait osé affirmer le droit de sa
couronne et la placer sous l'égide du Souverain
maître des rois. — Déjà elle vise à renverser toutes les nationalités diverses dont se compose l'Al-
lemagne pour réaliser cette idée d'unité nationale au moyen de laquelle elle s'est assujettie
l'Italie. — La confédération allemande, avec la
diversité de ses institutions politiques et de ses
intérêts sociaux, est un obstacle à son omnipotence; il lui faut un seul et unique pouvoir qui
soit son œuvre, qui résume en lui toute sa pen-
sée et ne relève que d'elle.

Mais la révolution n'aurait jamais pu viser à
un tel but et serait toujours restée à l'état d'abstraction dans les nuages du philosophisme alle-

mand, si de nouvelles constitutions inaugurées par le libéralisme ne lui avaient donné accès sur le terrain de la politique pratique, si du haut de la tribune parlementaire, si par la voie de la presse et la propagation des idées libérales, il ne lui avait été donné d'affaiblir dans l'esprit des peuples le respect de l'autorité, de substituer à l'amour des franchises municipales et provinciales, qui se concilie si bien avec ce respect, un engouement passionné pour une liberté indéfinie et aventureuse ne reculant devant aucune subversion.

VII

Voyez la Russie : là ce n'est pas le pouvoir qui s'est trouvé trop faible en face de la liberté, c'est au contraire la liberté qui a manqué au pouvoir, et le libéralisme est entré dans les esprits parce la liberté n'a pu entrer dans les institutions.

Les pouvoirs trop forts et sans contre-poids trouvent dans leur omnipotence des dangers plus grands peut-être que ceux des pouvoirs trop faibles; car ces dangers sont inaperçus, et quand ils éclatent c'est sous une réaction d'autant plus puissante qu'elle aura été plus longtemps et plus durement comprimée, tandis que les pouvoirs trop faibles, et dont le danger est évident pour tous, peuvent espérer de la société alarmée un retour d'opinion qui leur vienne en aide et leur rende leur force perdue. — Un absolutisme sans frein corrompt les peuples plus profondément qu'une liberté excessive; il éteint tous les germes de la vie sociale; mais il n'éteint pas les passions; elles restent au fond du cœur humain, y fermentent avec toute la violence d'une vapeur trop contenue, et quand l'explosion a lieu, rien ne peut y résister.

Qu'est-il arrivé en Russie? — Tandis que les classes populaires dormaient dans la servitude de la glèbe, les classes élevées, plus impatientes de leur esclavage doré, tout en courbant la tête devant l'autocratie, allaient chercher au dehors des idées d'indépendance, et comme dans toute l'Europe c'était le libéralisme qui les exploitait, c'est du libéralisme qu'elles les reçurent, telles qu'il les donne toujours, aussi éloignées de la vraie liberté que voisines de la révolution; et plus ces idées étaient extrèmes, plus elles séduisaient ces esprits honteux et fatigués du joug qui pesait sur eux. — C'est ainsi que le libéralisme a fait invasion dans les hautes régions de la société russe; il y règne aujourd'hui, et le gouvernement subit son influence.

Ah! si la Russie, au lieu de faire appel au libéralisme européen, s'était adressée chez elle à la vraie liberté, à cette liberté qui laisse au pouvoir toute sa force et maintient les peuples dans le devoir et dans l'obéissance, en leur donnant toutes les activités de la vie sociale, cette liberté qui s'attache à des institutions et non à des idées, cette liberté pratique qui sauvegarde tous les intérèts et tous les droits, administre les affaires du pays en laissant à l'autorité le soin de le régir et de le gouverner, la Russie aurait échappé à tous les dangers qui la menacent aujourd'hui. — L'autorité n'eût plus été despotique et arbitraire, mais elle serait restée intacte et vénérée, et les peuples, trouvant dans des franchises locales une garantie suffisante pour leurs droits et leurs intérêts, n'eussent pas porté plus haut d'inquiètes et menaçantes aspirations. — La Russie serait entrée sans révolution dans les conditions de la véritable Monarchie chrétienne, où le droit et le devoir règlent tout à la fois le pouvoir et la liberté, et gardant alors toute sa force de conservation sociale, libre au dedans de tout embarras, elle eût mûri peu à peu et sans danger la civilisation arriérée de ses classes populaires, en même temps qu'elle eût contenu dans les saines notions de l'ordre social la civilisation de ses classes supérieures, trop hâtée au contact des idées du libéralisme et de la révolution.

Il n'en a pas été ainsi, comme nous l'avons dit. C'est au libéralisme révolutionnaire que les classes élevées ont été demander leur éducation politique, tandis que le peuple couvait en silence toutes les passions de la servitude échauffées par un fanatisme sectaire. — Tout à coup l'autocratie s'est sentie menacée, et, comme tous les pouvoirs qui ont peur, pour échapper au danger, elle s'est jetée dans un danger plus grand encore.

Avant de lui avoir creusé un lit pour en diriger le cours, avant d'avoir élevé des digues protectrices pour le contenir, elle a livré passage au torrent. L'émancipation est venue sans préparation arracher les populations au repos de la servitude et les jeter, faute d'institutions locales capables de fixer leur élan, dans toutes les agitations d'une liberté idéale sans racines sur le sol. — En même temps l'aristocratie russe, imbue du libéralisme européen, veut aussi être libre, mais de cette liberté qui aspire à dominer le Pouvoir et non pas seulement à l'arrêter dans ses excès.

Le Pouvoir, déconcerté devant cette double et sourde menace, hésite ; le vertige le prend ; il ne veut pas encore abandonnner son despotisme, il comprend que rien n'est prêt en Russie pour le remplacer ; mais il commence à en sentir la pesanteur, et on dirait qu'il cherche à se le faire pardonner en mettant sa politique extérieure au service de la révolution. Sous la pression du libéralisme, il répudie ses vieilles traditions conservatrices, et se dépouille ainsi de sa force morale ; il pactise au dehors avec les idées qu'il redoute au dedans ; il caresse la révolution au loin pour qu'elle s'arrête satisfaite et ne se dirige pas vers ses frontières; il reconnaît l'Italie et ne se reconnaît plus lui-même, puisqu'il abdique sa dignité, son droit, son devoir et sa mission en s'inclinant devant un principe contraire au sien.

Cependant le Pouvoir s'use à ce fatal contact. Le libéralisme n'en deviendra que plus exigeant au dedans; il arrachera des concessions rendues inévitables, et plus il lui sera accordé, plus il demandera; et lorsque, comme ailleurs, il aura suffisamment affaibli le Pouvoir, la révolution, qui avance toujours, pénétrera à son tour dans cet empire, et elle y sera terrible, car elle y trouvera pour appui toutes les fureurs d'un peuple préparé pour la guerre sociale par les abrutissements de la servitude et par les enseignements d'une secte occulte qui, depuis longtemps, travaille dans l'ombre à pervertir tous ses instincts (les Rascolniks).

Ainsi, partout et toujours, c'est le libéralisme avec ses fausses doctrines de gouvernement et de liberté qui emporte les premières défenses de la place et qui ouvre la brèche par laquelle, un peu plus tôt, un peu plus tard, la révolution pourra monter à l'assaut.

———

Le libéralisme, répétons-le, n'a ni drapeau ni symbole, c'est-à-dire que le parti libéral ne peut avoir aucune homogénéité. Nous avons distingué deux grandes catégories qui le composent, les libéraux révolutionnaires qui, sans approuver peut-être tout ce que veut et tout ce que fait la révolution, la servent pourtant sciemment, parce qu'ils ne répudient d'elle que ses fureurs, ses folies, et adoptent ses préjugés, ses antipathies, ses doctrines, et les libéraux royalistes ou conservateurs, qui prétendent n'avoir rien de commun avec elle.

Les premiers font leur œuvre et la font en connaissance de cause : nous n'avons rien à leur dire ; nous nous bornons à signaler leurs embûches et leurs hypocrisies. — Parmi les seconds une distinction est à faire.

Les uns n'aperçoivent pas la révolution sous les beaux dehors dont elle se couvre dans ses jours de calme et de repos; ils s'arrêtent à de fallacieuses apparences et se livrent avec une naïve sécurité à des idées de liberté dont ils n'ont jamais calculé les conséquences, et auxquelles ils ne rattachent pas les faits révolutionnaires qu'ils déplorent. — Ce sont les libéraux confiants et aveugles tels que 89 en montra beaucoup, et c'est à eux surtout que s'adressent nos précédentes observations; nous avons voulu leur démontrer l'étroite connexité qu'il y a au contraire entre leurs idées et la révolution. Puissions-nous les avoir désillusionnés!

Les autres ont été trop éclairés par l'expérience pour ignorer l'action fatale de la révolution sur l'esprit de la société moderne, pour ne pas voir l'abîme où conduit sa marche progressive; mais ils croient que le seul moyen d'y échapper c'est de se mettre dans ses rangs sous le drapeau du libéralisme et de la suivre avec l'espoir qu'ils parviendront à la diriger en la flattant; ce sont les libéraux *habiles*. — Nous voudrions leur démontrer l'erreur et le danger de leur tactique.

Elle n'est pas moins funeste en effet que les illusions que nous venons de combattre; elle donne comme elles à la révolution une force morale qui lui est très-profitable, elle couvre ses desseins d'un voile rassurant, elle empêche les esprits honnêtes de se méfier d'elle, et accoutume les peuples à ne voir en elle qu'un utile progrès.

Cependant la révolution est plus habile que les plus habiles libéraux, et ne se laisse endormir ni par leurs flatteries, ni par leurs concessions ; elle s'autorise de leur concours, mais bien loin de s'arrêter, elle avance toujours vers son but, et sa marche n'en est que plus régulière et plus assurée.

La révolution est une grande hérésie sociale qui résume en elle toutes les autres hérésies; c'est une négation universelle qui embrasse toutes les négations partielles par lesquelles l'ordre moral, politique et religieux a pu être ébranlé. Nulle vérité sociale qui échappe à cette négation. On a vu déjà la révolution nier l'ordre par le droit d'insurrection, l'autorité par la souveraineté du peuple, la liberté par des détentions arbitraires et la loi des suspects, la propriété par des spoliations en masse, la justice par des mises hors la loi, la famille par le divorce et des récompenses accordées aux filles-mères, la religion tout entière par le culte de la déesse Raison, et ses adeptes les plus francs nous annoncent, pour le jour du plein développement de son règne, une dernière négation qui résumera toutes les autres, celle de la société même par le communisme.

Toutes ces négations ne sauraient être utilement combattues que par une affirmation contraire. — Il n'y a point de transaction possible entre l'erreur et la vérité. — Tous les moyens termes ne sont que des expédients qui profitent plus ou moins à la première, et compromettent toujours celle-ci.

L'Église, cette société divine dont l'organisation terrestre nous montre l'élément monarchique, l'élément aristocratique et l'élément démocratique si fortement unis, se tempérant l'un par l'autre dans une si admirable harmonie qui devrait être le modèle de toutes les sociétés humaines, n'en use point ainsi. Quand une erreur quelconque surgit dans son sein et vient menacer tant soit peu l'intégrité de sa constitution, de sa morale ou de ses dogmes, l'Église ne pactise point avec elle; quelque puissante que cette erreur puisse devenir, elle ne lui fait jamais aucune concession, elle ne lui sacrifie aucun point de la vérité, si minime qu'il soit, elle l'anathématise tout entière; et c'est là, à ne l'envisager qu'au point de vue humain, abstraction faite de toute protection divine, la raison sociale de sa durée et de son inépuisable vitalité; c'est par là qu'elle traverse les siècles et survit à toutes les révolutions, toujours jeune, toujours inébranlable sur ses impérissables fondements.

Les sociétés humaines, au contraire, vieillissent et meurent parce qu'elles laissent altérer le dépôt des vérités sociales qui sont la condition de leur existence, parce qu'elles se laissent entamer par l'erreur et s'abandonnent au courant de toutes les idées nouvelles sans songer où il les conduit.

Chacune de ces idées se présente .comme un progrès, et les peuples qui veulent avancer toujours les suivent aveuglément. Mais si ces idées sont fausses, ils n'en reçoivent qu'un mouvement désordonné qui leur donne le vertige. Ils croient avancer, ils s'agitent seulement, souvent même ils reculent. Dans cette agitation fiévreuse, ils ne s'aperçoivent pas qu'ils ont glissé loin de leur base fondamentale, qu'ils ont perdu les principes constitutifs de leur existence sociale. — Un peuple qui en est venu là est comme un astre jeté hors de sa sphère; il peut encore briller, mais sa lumière errante et perdue dans le vide n'est plus dans l'harmonie du monde auquel il appartient; elle ne peut plus l'éclairer, elle ne peut que l'incendier.

Il n'y a pas pour les sociétés humaines de progrès véritable en dehors des véritables conditions de leur existence. Toute opinion qui fausse ces conditions, qui nie ou affaiblit l'autorité, qui dénature ou exagère la liberté, qui déplace ces deux pôles du monde social et les porte à se heurter l'un contre l'autre, est une erreur, et cette erreur est à la société ce que l'hérésie serait à l'Eglise, si l'Eglise ne la rejetait pas de son sein, un germe fatal de dissolution.

Pactiser donc avec l'erreur révolutionnaire, comme veulent le faire les libéraux habiles, lui sacrifier la moindre vérité sociale, adopter une partie quelconque de ses doctrines mensongères, marcher enfin avec elle sous prétexte de la diriger et de l'empêcher d'aboutir à ses conséquences extrêmes, ce n'est pas sauver la société, c'est travailler à la perdre.

X

En disant cela, qu'on le comprenne bien, nous ne l'entendons que des principes seulement. Nous n'ignorons pas qu'il ressort presque toujours des révolutions accomplies des faits matériels par lesquels l'organisation sociale, dans sa forme extérieure, peut être profondément modifiée, et qu'il est impossible de ne pas accepter; le législateur qui n'en tiendrait pas compte se montrerait incapable de régir une société ainsi transformée, et son œuvre, au lieu de reposer sur des éléments réels, ne porterait que sur des fictions.

Mais quelques transformations qu'ait pu éprouver une Nation, soit par le mouvement régulier de sa civilisation, soit par l'effet plus brusque des révolutions, elle cesserait d'être une Nation, et ne serait plus qu'une masse populaire dans une effervescence continuelle de désordre ou dans l'affaissement d'une servitude brutale, si elle ne conservait pas intacts les principes fondamentaux de sa vie sociale, ces principes qui font qu'elle est une Monarchie, ou qu'elle est une République; et ce sont précisément ces principes que la révolution attaque, tantôt par un travail latent au moyen des idées, tantôt par une action violente au moyen des passions désorganisatrices.

Les libéraux habiles qui réprouvent ce dernier moyen viennent en aide à la révolution quand elle n'emploie que le premier, et le secours qu'ils lui prêtent n'en est que plus efficace.

S'il s'agit, pour la révolution, d'une Monarchie à abattre, les libéraux habiles disent à cette Monarchie : Vous le voyez, un ennemi puissant vous menace, il serait trop dangereux d'essayer de lui résister à force ouverte, il faut le calmer en traitant avec lui ; sauvez le cœur de la place en lui abandonnant les défenses extérieures, cela le satisfera ; il vaut mieux une honorable capitulation que les dangers d'un violent assaut. Vous voyez écrit sur son drapeau : Liberté ! Concédez-lui cette liberté qu'il réclame ; donnez une constitution qui la réalise ; renoncez à une partie de vos droits pour conserver les autres ; abandonnez les principes surannés qui le révoltent, vous êtes le passé, il est le présent et l'avenir ; réconciliez-vous avec lui, et vous marcherez ensemble à de nouvelles et brillantes destinées.

En même temps les libéraux habiles disent à la révolution : Vous n'aurez plus à vous plaindre, il n'y aura plus rien dans cette Monarchie qui puisse vous déplaire ; nous y établirons le règne de la liberté, des élections libres, une presse libre, une tribune libre ; la Royauté n'y jouera plus qu'un rôle secondaire, le gouvernement sera indépendant d'elle ; embrassez cette Monarchie, et vous trouverez dans cette alliance la satisfaction de toutes vos légitimes prétentions.

A ce double langage, la Monarchie désarme, abandonne toutes ses défenses, et se livre sans méfiance à son ennemi. — La révolution avance, prend de meilleures positions, et s'insinue peu à peu au sein de cette Monarchie aveuglée qui s'est mise dans l'impuissance de résister au moindre choc.

XI

C'est l'histoire de 89, de 1830, de 1848; ce sera l'histoire de toutes les Monarchies où d'imprudentes concessions auront été faites à la révolution, où le principe d'autorité et le principe de liberté, qui doivent toujours s'y concilier, auront été faussés par le libéralisme, et mis dans un antagonisme forcé.

Qu'advint-il des concessions accordées par Louis XVI devenu roi constitutionnel? elles ne firent qu'accélérer le mouvement qui l'entraînait à l'abîme.

Qu'advint-il des concessions arrachées à Charles X sous le ministère Martignac? On croyait qu'elles allaient sauver la Monarchie, que le libéralisme satisfait s'arrêterait et arrêterait avec lui la révolution; on lui avait sacrifié les plus précieuses libertés, celles qui lui sont le plus antipathiques, la liberté de l'Église dans son enseignement théologique et jusque dans ses vocations sacerdotales, la liberté des pères de famille dans l'éducation de leurs enfants; le libéralisme marcha toujours, et quand le pouvoir s'aperçut de l'inutilité de ses sacrifices, quand il voulut reconquérir sa force perdue, maladroit ou malheureux, n'importe, il était trop tard, la révolution était là.

Qu'advint-il des généreuses concessions par lesquelles l'immortel Pie IX inaugura son règne ? Elles ne firent que passer par les mains du libéralisme, et tombèrent dans celles de la révolution. — Gaëte sauva le Pontife ; il fallut les armes de la France pour sauver Rome.

Ainsi en a-t-il été pour un jeune Roi tombé d'hier. — François II, conservant dans leur intégrité ses droits et son autorité, pouvait résister à la révolution qui le menaçait à main armée et envahissait ses frontières ; la lutte pouvait être dangereuse, mais la victoire pouvait être espérée. Il se laisse persuader de recourir à des concessions, il capitule avec le libéralisme, il proclame une constitution qui lui enchaîne les bras et fait passer en d'autres mains que les siennes toute la force gouvernementale. Le libéralisme devenu maître du terrain y appelle la révolution, et ce roi trompé, vendu, va sur le rocher de Gaëte montrer du moins au monde étonné que, s'il n'a pas combattu assez tôt, ce n'est pas faute d'avoir dans sa poitrine le cœur d'un soldat.

XII

La fausse liberté du libéralisme conduit donc toujours à la révolution.

Nous croyons que l'autorité et la liberté sont deux principes nécessaires l'un à l'autre, que sans la liberté l'autorité dégénérerait bientôt en force brutale ; que sans l'autorité la liberté irait bientôt se perdre dans la licence et l'anarchie, et que par conséquent une Monarchie chrétienne doit reposer sur l'un et sur l'autre en même temps. Nous croyons que de leur accord dépend toute conservation sociale, tout véritable et durable progrès. — Mais cet accord n'est possible qu'autant que le principe d'autorité et le principe de liberté n'ont pas été dénaturés et portent également sur une base morale où l'un et l'autre trouvent pour limite le devoir et le droit. — Quand cette base a été ébranlée, quand cette limite a été déplacée, quand la notion du droit et du devoir a été perdue, l'antagonisme surgit. Car alors l'autorité n'est plus que le Pouvoir, et le Pouvoir n'étant qu'une force matérielle, la liberté n'est plus à son tour qu'une force contraire, et ces deux forces tendent sans cesse à s'absorber l'une l'autre. De là fatalement le despotisme ou l'anarchie.

Or c'est précisément à cette transformation du principe d'autorité en force purement matérielle, et du principe de liberté en pouvoir rival de cette force qu'aboutissent les doctrines du libéralisme.

— En substituant à la vraie Monarchie représentative le régime constitutionnel ou parlementaire, elles font descendre l'autorité de sa sphère supérieure pour la jeter dans l'arène des partis, dégradée, dépouillée de sa puissance et de son prestige ; elles placent ensuite la liberté à son niveau, quelquefois même au-dessus d'elle ; la lice est ouverte ; le gouvernement est l'enjeu de la lutte, il appartient au vainqueur, et la victoire appartient aux plus gros bataillons. La question n'est plus entre le devoir et le droit, mais entre le nombre et l'adresse ; et c'est lorsqu'il en est ainsi que l'on voit bientôt apparaître la révolution derrière le libéralisme ; c'est alors que toutes les concessions de l'autorité pour obtenir la paix deviennent la proie de la révolution.

La vraie liberté, au contraire, respecterait dans toute son intégrité le principe d'autorité. Elle ne croit pas pouvoir marcher sans lui, ni avant lui, ni à côté de lui ; elle se place sur un autre terrain que le sien, y abrite dans des institutions d'un autre ordre des droits distincts des siens, les maintient et les défend avec une jalouse sollicitude contre tout envahissement, les oppose au pouvoir comme une limite et non comme une menace, comme un contre-poids et non comme une rivalité. — La vraie liberté repose sur une indépendance sage et réglée de la famille, de la commune, de l'Église, de toutes les associations naturelles et légitimes, et vit de la vie même de toutes ces réalités sociales. — Elle garantit les droits du citoyen, elle n'émancipe pas l'individu. — Elle est la gardienne de tous les intérêts permanents de la société, mais ne les livre pas au courant variable des opinions et des passions politiques.

De son côté, l'autorité vraie, basée sur le droit et limitée par le droit, n'ayant rien à redouter d'une liberté qui ne toucherait pas à son principe et respecterait son action légitime, n'aurait aucun intérêt à la gêner et à l'amoindrir. Elle verrait, au contraire, d'utiles barrières entre elle et la révolution dans toutes les institutions où cette liberté se développerait sous son égide, et l'harmonie de toutes les forces sociales serait le résultat de cet accord.

———

XIII

Vaines théories ! dira-t-on. — Avant 1789
l'histoire nous montre-t-elle cette harmonie que
vous rêvez? La liberté n'a-t-elle jamais été fac-
tieuse? L'autorité n'a-t-elle jamais exagéré ses
droits? Ne voit-on pas, depuis Louis XIV, une
tendance gouvernementale à paralyser toutes les
libres institutions qui faisaient la pondération de
l'ancienne constitution nationale, et à les absorber peu à peu dans cette centralisation adminis-
trative qui, depuis, est devenue l'arme la plus
puissante de la révolution? Ne voit-on pas de
dangereuses réactions éclater sous Louis XV et
sous Louis XVI, et l'esprit public, se détachant
de ces institutions trop affaiblies, chercher la liberté dans les hardiesses de l'opinion et dans
l'agitation sans but d'une opposition systématique?

Oui, sans doute, et nous avons nous-même
plusieurs fois signalé ailleurs et déploré ces ten-
dances, sans partager toutefois le sentiment des
historiens qui en ont exagéré la portée et les ré-

sultats. — Mais la révolution n'était pas venue alors jeter ses redoutables clartés sur la situation sociale. Les leçons de l'expérience manquaient à ces générations endormies dans une fatale sécurité, qui ne savaient pas où les déviations de principes peuvent aboutir, et croyaient pouvoir se livrer sans péril aux plus aventureuses innovations.

Aujourd'hui que la révolution est là, visible à tous les yeux, l'illusion est-elle possible? Peut-on ignorer son histoire, comment elle est née, comment elle a grandi, comment elle a triomphé, comment elle règne? Quels ont été ses dupes et ses auxiliaires? Quels chemins elle a pris et qui les lui a ouverts et aplanis? Faut-il encore lui venir en aide par ces mêmes concessions qui, partout et toujours, ont fait sa fortune? N'est-il pas temps de rallier contre elle toutes les forces sociales qu'elle n'a pas encore anéanties, et de marcher enfin, sous le drapeau du droit et de la vérité, à une lutte suprême contre un ennemi qu'aucune capitulation ne saurait arrêter? N'est-il pas temps que royalistes, conservateurs, hommes d'ordre de tous les régimes, comprennent qu'en abaissant ou affaiblissant devant lui les remparts qui protègent la famille, la propriété, la religion, tout ce qu'ils veulent défendre et sauver, ils n'obtiendront pas même une trêve, et qu'il avancera toujours, enhardi par leurs faiblesses et leurs moyens termes; — qu'on n'éteint pas un incendie en y jetant des matières combustibles; — que la Providence qui gouverne le monde par la logique des idées a établi la société sur des bases morales qu'on n'ébranle jamais en vain; — que les principes monarchiques sont la base d'une Monarchie, comme les principes républicains sont la base d'une République; — que toute combinaison qui mêle et confond ces principes, qui les applique à contre-sens en les transportant de l'une à l'autre, n'est qu'un expédient funeste, et que c'est à l'aide de cette confusion que la révolution pénètre dans la société et s'en empare, car il n'y a pas place pour elle là où les principes sociaux ont conservé toute leur intégrité. — N'est-il pas temps enfin que toutes les erreurs de la politique tombent devant les leçons du passé, les dangers du présent et les menaces de l'avenir?

Ah! si les libéraux n'avaient pas employé leur force, leur talent et leur patriotisme à transiger avec cet ennemi, si au lieu de vouloir l'endormir ils avaient voulu le combattre, si, dès le début, ils avaient hardiment levé bannière contre lui, répudié toutes les doctrines de fausse liberté qu'il exploitait, affirmé la liberté vraie dans la vraie Monarchie, la révolution eût été vaincue. Car il y a eu des heures solennelles ménagées par la Providence où, discréditée par ses œuvres, elle avait perdu toute sa puissance de séduction, et où l'esprit public lui disait anathème. Par malheur le libéralisme s'interposa et couvrit la révolution d'un nouveau masque; les peuples ne la distinguèrent plus, les gouvernements eux-mêmes se familiarisèrent avec ses idées, avec ses doctrines transfigurées, garanties par le libéralisme, et la révolution put reprendre l'ascendant qu'elle avait perdu dans ses heures d'ivresse et de brutalité.

XIV

Maintenant la voilà de nouveau revenue à ses hardiesses. Elle a rompu les liens par lesquels les libéraux habiles croyaient la contenir et la diriger; tous les essais de paix et de conciliation avec elle ont été vains, ou plutôt n'ont servi qu'à réparer les forces qu'elle avait usées dans ses premières saturnales. Elle vient de manifester aux plus aveugles par ses nouvelles œuvres, et aux plus confiants par ses programmes, ce que peuples et rois doivent attendre d'elle.

N'est-ce pas encore une de ces leçons providentielles destinées à faire tomber les dernières illusions, à faire voir l'inanité de toutes les habiletés humaines quand elles sortent de la ligne du droit et de la vérité, quand elles abandonnent les saines notions des principes constitutifs de l'ordre social pour l'asseoir sur des théories contraires à la nature des choses?

Les avertissements ne nous ont pas manqué. Tout ce qui se passe et tout ce qui se prépare en Europe nous crie : « Prenez garde à la révolution! elle triomphe par les passions, mais elle arrive par les idées. »

Puissent tous les libéraux honnêtes entendre ce cri ! Puisse l'Europe tremblante et chancelante sur ses fondements ébranlés comprendre enfin qu'avec un tel ennemi, capituler, c'est se perdre !

La grande voix du Vatican vient de se faire entendre ; elle a proclamé la vérité sociale, affirmé la notion du droit, dévoilé toutes les erreurs de cette civilisation moderne qui veut chercher ses progrès en dehors de la loi divine, signalé les dangers de sa marche et l'écueil où elle risque d'aller se briser, opposé la morale et la justice dont l'Église est la souveraine interprète à toutes les déviations et à tous les attentats de la politique, rétabli enfin la règle trop méconnue de la liberté humaine dans les opinions comme dans les faits, pour les peuples comme pour les rois ; — et de tous les points de l'univers un immense écho est venu retentir dans la ville éternelle pour acclamer cette solennelle protestation en faveur de l'ordre social bouleversé déjà par tant de secousses et menacé jusque dans ses assises fondamentales.

A cette parole tombée de si haut, persévérerons-nous dans nos illusions? garderons-nous la même confiance dans nos habiletés humaines?

pactiserons-nous toujours avec l'erreur? redoute-rons-nous toujours la vérité tout entière? nous croirons-nous plus sages, plus éclairés et plus habiles que l'Eglise?

Nous aurions bien mérité la terrible expiation qui ne manque jamais à un tel aveuglement.

Paris, Imp. Pillet fils aîné, rue des Grands-Augustins, 5.

IMPERIAL.
SEINE
cen
1/2
IMPERIAL.
SEINE
cen
5